汉武帝北击匈奴

◎ 主编 金开诚

◎ 编著 张 利

吉林出版集团有限责任公司

吉林文史出版社

图书在版编目（CIP）数据

汉武帝北击匈奴 / 张利编著. —长春：
吉林出版集团有限责任公司，2011.4（2023.4重印）
ISBN 978-7-5463-5059-2

I. ①汉… II. ①张… III. ①汉武帝对匈奴战争（前
129~119）－通俗读物 IV. ①K234.109

中国版本图书馆CIP数据核字(2011)第053613号

汉武帝北击匈奴

HANWUDI BEIJI XIONGNU

主编／金开诚　编著／张　利
项目负责／崔博华　责任编辑／崔博华　邱　荷
责任校对／邱　荷　装帧设计／李岩冰　刘冬梅
出版发行／吉林出版集团有限责任公司　吉林文史出版社
地址／长春市福祉大路5788号　邮编／130000
印刷／天津市天玺印务有限公司
版次／2011年4月第1版　印次／2023年4月第5次印刷
开本／660mm×915mm　1/16
印张／9　字数／30千
书号／ISBN 978-7-5463-5059-2
定价／34.80元

编委会

主　任: 胡宪武

副主任: 马　竞　周殿富　董维仁

编　委 (按姓氏笔画排列):

于春海　王汝梅　吕庆业　刘　野　孙鹤娟

李立厚　邴　正　张文东　张晶昱　陈少志

范中华　郑　毅　徐　潜　曹　恒　曹保明

崔　为　崔博华　程舒伟

前　言

　　文化是一种社会现象，是人类物质文明和精神文明有机融合的产物；同时又是一种历史现象，是社会的历史沉积。当今世界，随着经济全球化进程的加快，人们也越来越重视本民族的文化。我们只有加强对本民族文化的继承和创新，才能更好地弘扬民族精神，增强民族凝聚力。历史经验告诉我们，任何一个民族要想屹立于世界民族之林，必须具有自尊、自信、自强的民族意识。文化是维系一个民族生存和发展的强大动力。一个民族的存在依赖文化，文化的解体就是一个民族的消亡。

　　随着我国综合国力的日益强大，广大民众对重塑民族自尊心和自豪感的愿望日益迫切。作为民族大家庭中的一员，将源远流长、博大精深的中国文化继承并传播给广大群众，特别是青年一代，是我们出版人义不容辞的责任。

　　本套丛书是由吉林文史出版社和吉林出版集团有限责任公司组织国内知名专家学者编写的一套旨在传播中华五千年优秀传统文化，提高全民文化修养的大型知识读本。该书在深入挖掘和整理中华优秀传统文化成果的同时，结合社会发展，注入了时代精神。书中优美生动的文字、简明通俗的语言、图文并茂的形式，把中国文化中的物态文化、制度文化、行为文化、精神文化等知识要点全面展示给读者。点点滴滴的文化知识仿佛颗颗繁星，组成了灿烂辉煌的中国文化的天穹。

　　希望本书能为弘扬中华五千年优秀传统文化、增强各民族团结、构建社会主义和谐社会尽一份绵薄之力，也坚信我们的中华民族一定能够早日实现伟大复兴！

目录

一、汉初的休养生息政策
与汉匈关系

西汉时期，匈奴始终是汉朝最大的威胁。

匈奴游牧部族联盟的军事力量长期以来压迫着中国北方边境，使农耕生产的正常进行受到威胁。汉匈关系的好坏，直接影响到汉朝北方和西北边疆的稳定与否。

随着内外形势的变化和汉匈双方力量的此消彼长，西汉对匈奴的政策开始有较大的调整和变化。特别是在汉武帝时期，国力日强，于是其开始大规模征讨匈奴，致使南匈奴归汉，北匈奴西迁，为民族融合作出了重大的贡献。由于汉朝后来牢牢掌握了战争主动权，这一战争后来又具有了以征服匈奴为目的的性质。

从大兴安岭往西，是广阔的锡林郭勒、乌兰察布与鄂尔多斯草原。史书记载的第一个草原王国——匈奴王国，便在这里兴起并生活。

匈奴兴起于公元前3世纪(战国时期),衰落于公元1世纪(东汉初)。他们的骑兵纵横大漠南北近三百年,将匈奴之名永远刻在了中国乃至世界历史的丰碑上。现在内蒙古包头市境内的头曼城遗址,就是当年匈奴第一代单于头曼的统治中心。

与其他游牧民族一样,匈奴是一个

骁勇善战的民族，中原的富饶与先进对于他们来说始终是一个莫大的诱惑。因而自他们兴起开始，匈奴就不断地南下袭扰抢掠。为了中原的安定，秦始皇统一六国后，于公元前215年派大将蒙恬率兵30万北击匈奴，夺取了河套地区，就是今内蒙古河套以南一带。这次战役使匈奴北退七百余里，秦随之将此前燕、赵、秦三国修筑的长城相连接，修成了万里长城。但这仍然无法彻底消除匈奴的侵扰，匈奴铁骑依然不断地南下掠夺。

公元前209年，冒顿单于杀死了他的父亲头曼自立为单于，正式确立了匈奴社会的奴隶制政权。匈奴在他的统治时期达到了鼎盛，《史记·匈奴列传》中记载他手下能弯弓射箭的士卒达三十多万。冒顿单于率领他的骑兵征服了许多邻族，东破东胡，西击月氏，南吞楼烦、白羊河南王，北并

浑鬻、丁零等族，控制了东近辽河，西至
葱岭，北抵贝加尔湖，南达长城的广阔地
域。如此强大的匈奴，对于刚刚建立的
西汉政权无疑是一个巨大的威胁。如何
面对匈奴，这是汉朝统治者不可回避的
问题。

(一) 和亲政策提出的时代背景

秦朝的残暴统治以及秦末战乱、楚汉相争,使中原地区的社会生产遭受了严重的摧残。城镇被洗劫、人口锐减、工商业萧条、社会极度混乱。粮食需求量剧增,但因为战乱的关系,使农民不断错过农时,种子不能按时播种,自然到秋收的时候就没有粮食可收。赋税繁重,官吏军阀不断地搜刮民脂民膏，大量农民脱籍流亡，有的甚至被迫卖妻卖子，或自卖为奴，可以担负西汉朝廷或封君税赋兵役的在籍民户，只剩下原有户籍的十分之二至十分之三。有些人在这个时候囤积居奇，趁机抬高物价，致使本已缺乏的粮食以及其他物资的实际售价不断上涨。当时"万钱"才能买到一石米，一匹马的售价则是"百金"。百金，即当时十户中等资产的人家，将他们所有的财产全都累加在

一起，才只相当于一匹马的价钱。

政治方面，为了联合各地诸侯共同击灭项羽，刘邦先后分封了七个异姓王。但异姓诸王都有很强的独立性，并逐渐拥兵自重，独霸一方，难以调遣，甚至开始威胁皇权。西汉政权建立，社会基本稳定之后，在萧何等人的谋划辅佐下，经过七八年的时间，西汉朝廷逐个将七个异姓王铲除，刘邦又恐怕刘家江山根基不稳，为了不重蹈秦朝的覆辙，于是先后分封同姓子侄九人为王。异姓诸王以及同

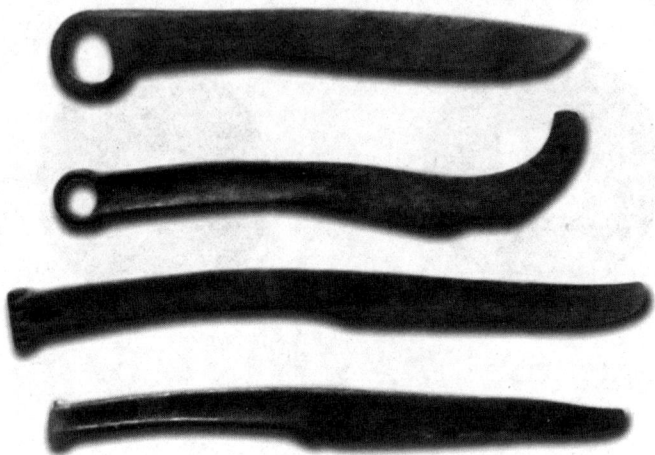

姓诸王在西汉相继长期存在，形成了西汉封国制与郡县制长期并行的格局。

这些封君们在各自的封土上拥有很大的自主权，他们可以自主任免除太傅和丞相以外的所有大小官吏，有权征收并支配封土境内的各种租税以及境内所有的山川水泽园池之利，此外他们在各自的封土上还有铸造货币以及拥有地方军队的自主权。这样，每个王就相当于当地的土皇帝，不受中央的支配。

汉初全国共分为54个郡，其中朝廷直辖的只有15个，其他39个郡都是诸侯王的封地。异姓诸王的封土主要在关东，大致相当于战国末年六国故地。而西汉朝廷的直辖地只相当于战国后期秦国的土地，即关中、巴蜀以及河南的一部分地区。其中，还夹杂着大约一百四十多个功臣的封地以及封君的汤沐邑。

当时，刚刚建立于秦末极度残破废墟之上的西汉朝廷，在政治上先后有异

姓诸王及同姓诸王的牵制，经济上赋税徭役征收的范围及额度也都很低，所以此时西汉的经济基础及军事力量都很微弱。

这时，冒顿单于指挥着匈奴大军，破灭东胡王，西击走月氏，南并楼烦、河南王，据有河南地，北服丁零等五国，改变了其父头曼单于时期东胡强且月氏盛的被动局面，不但开拓了大片疆土，而且使赋税兵役的征收范围都得到了很大增加。不久以后，匈奴又占据了整个西域地区，使兵役赋税的征收面积更大，甚至可能获得东西方通商贸易带来的巨大利润。

刘敬就是在这样的历史背景下，在匈汉双方这样一种力量对比下，于白登之围以后，向刘邦提出和亲政策的。

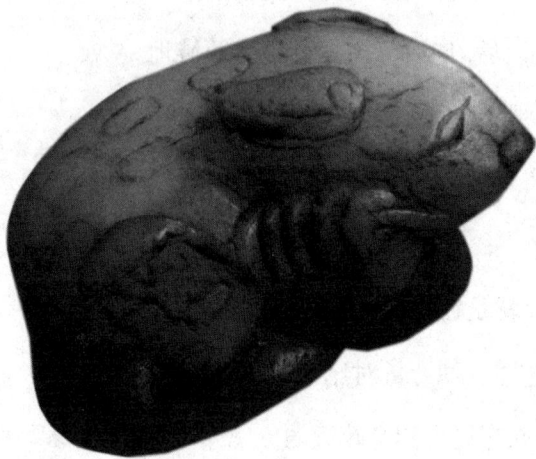

（二）和亲政策的初衷及实质

在平城之役第一阶段的战事中，刘邦对当时匈奴的实力还认识不足，因而被冒顿单于一步步引诱到包围圈中。在四十万骑兵的重重围困中艰难熬过七天后，刘邦才亲身领略到了匈奴的强盛。这时，西汉朝廷的兵源税源有限，经济力量不足，从具体战术来看，骑兵的冲击能力以及机动能力，也都远优于步兵。众多的西汉将帅统领着士兵不断北上投降匈奴，冒顿单于则屡屡挥兵南下侵犯汉朝边境。

在这样的强大压力下，刘敬首先点明了当时中原地区的实际情况：现在天下刚刚太平，人们都已经厌倦了战争，都不愿再打仗了。明确指出当时西汉没有战胜匈奴的经济基础和武装力量。接着刘敬向刘邦提出了他认为唯一可行的与匈奴和好的办法：和亲。他分析道："如果陛下把嫡长公主嫁给匈奴单于，并送去丰

厚的嫁妆，这样他们就会认为这是一件好事而接受。如果生了孩子就会成为太子，将来就能成为下一代的单于王。结成了亲，现在的单于王就是您的女婿，女婿死了您的外孙就成了新的单于王，哪有外孙和外祖父相抗争的道理，这样不用出兵打仗，就能使匈奴臣服了。"于是，刘邦采纳了他的建议，对匈奴实行了和亲政策。

统治者之间的婚姻关系不是单纯的联姻，而是一种政治行为。汉朝同匈奴的和亲，主要是通过双方统治者之间的联姻来建立一种罢战言和的政治关系，它不能与匈汉两族人民之间的通婚关系混为一谈。匈汉和亲，并非建立在民族平等的基础之上，而只是建立在当时双方统治阶级的利害关系之上。刘敬是在汉军完全没有能力抵御匈奴的情况下提出其

"和亲"建议的。

汉廷所奉行的"和亲"政策的初衷是：争取长期的和平发展时间，用战争以外的方法，逐渐臣服匈奴，这已经得到此后六七十年历史事实的证明。西汉朝廷所奉行的"和亲"政策的实质，是一种带有强烈而浓重的政治军事意图的纳贡。匈奴政权接受汉廷的和亲纳贡，是以强大的武装力量获得经济利益。

（三）公元前133年之前的对匈奴政策

1.西汉的孱弱和匈奴的强盛。西汉王朝是经过秦末农民大起义的汹涌浪潮，又经过连续四年激烈而残酷的楚汉相争后，在战争废墟上建立起来的。长期的战乱不仅使西汉初期的社会经济千疮百孔，更使当时的社会生产遭受了严重破坏。

政治方面,如前所述,为了联合各种力量攻灭项羽,刘邦曾经封立了七位异姓王。所以,西汉初年,刘邦所面临的经济局面和政治形势都非常窘困。天子都找不到相同颜色的马来拉车,而将相则只能坐牛车了。这就是公元前200年的白登之围以后,西汉朝廷的经济状况。由于受这种残破到极点的经济条件的制约,汉景帝及其以前的西汉朝廷,完全没有能力

与匈奴抗争。

从平城之役至公元前133年"马邑之谋"的六十多年之间，尽管匈奴经常南下入塞掳掠骚扰，但西汉军队只是在塞内防御，重点是守卫都城长安，不敢走出塞外作战，也没有能力走出塞外去攻击匈奴。例如公元前201年，匈奴南下围攻马邑，逼迫韩王信投降，于是引发了平城之役。

白登之围，西汉朝廷遭受了巨大而惨重的军事、政治、经济损失。在冒顿撤围

之后，汉朝君臣只能收兵，而不敢再与匈
奴争斗。

刘邦死后，汉惠帝、吕后时期，匈奴
方面虽很不老实，但却看不到当时汉朝方
面进行过哪些重大反抗。冒顿单于甚至
写信向吕后求婚，吕太后认为单于侮辱了
她，震怒异常。但因当时军资国力十分有
限，汉廷不敢出击，朝臣们大都认为若与
匈奴征战，会动摇西汉政权的统治根基，
只能忍着。

公元前177年五月，匈奴攻入北地郡，汉文帝因此避往甘泉宫。他指责匈奴违背契约，同时发兵八万五千人到高奴，命丞相灌婴率领，抗击匈奴。后来汉文帝本人还从甘泉经高奴北上太原，想要御驾亲征。但仍限于西汉力量微弱，又因当时济北王刘兴居反叛而被迫罢兵。

公元前166年，单于率众攻入西汉朝

那、萧关,杀北地都尉,一直攻到彭阳,又派奇兵火烧宫殿,进至雍州云阳西北八十里的甘泉宫。汉文帝急忙派遣三员汉将,分别率兵加强陇西、北地、上郡的防守,同时命令中尉周舍、郎中令张武率领十余万兵马屯驻渭北。需要特别说明的是,这时匈奴已经进到可以望见西汉都城长安的地方,而汉军却只能驻守在长安

附近，作防守之态。

虽然这次汉文帝又表现出要亲自率军抗击匈奴的意愿，不过因为受到群臣尤其是皇太后的强烈反对而不得不停止，但还是命令张相如、栾布等人为将军，率兵在塞内抗击，匈奴单于在塞内停留了一个多月才离去。随着匈奴退走，汉朝也马上收兵。继公元前177年右贤王入居河南地之后，匈奴单于再一次进入塞内，汉朝也只能把他们赶出去了事，却不能进行追击。

公元前158年冬，匈奴六万余骑分别攻入上郡、云中等地。汉廷又被迫遣将率兵去加强飞狐、句注、北地等地区的防守，同时又任命三员大将，分别在都城长安附近的细柳、渭北棘门、霸上布防，防止匈奴入境。几个月之后，匈奴撤走，汉朝也就收兵了。

事实证明，虽然西汉的经济

发展到此时已经有了一定程度的提高，但其国力军资，仍然不足以战胜匈奴政权，所以此时汉廷对匈奴的政策仍没有改变。

2.西汉匈奴的兄弟之约。马邑之谋以前，匈奴政权不仅经常挥师南下，攻入西汉边塞，甚至几次兵临西汉都城长安附近。右贤王曾入居河南地，单于也曾留居塞内一月有余。对于匈奴政权的这种入塞骚扰掳掠行为，西汉朝廷采取的政策

是：好说好商量地请求和亲，缴纳贡赋并且开放关市，以争取单于对其部下的约束，从而避免更大规模的战争以及骚扰掠夺。其实质是不惜用大量的物资金钱及美女去换取时间和空间，尽可能求得一个稳定安宁的社会环境，便于自己发展经济，壮大武装，最后战胜匈奴。

一方面，西汉皇帝与匈奴单于约为兄弟。白登之围以后不久，刘邦派遣刘敬出使匈奴，缔结和亲之约时，西汉皇

帝即与冒顿单于相约为兄弟以和亲。公元前177年，汉文帝在诏书中还曾重申：汉与匈奴是兄弟关系。公元前162年，汉文帝在诏书中又说已经与匈奴单于结兄弟之义。另一方面，双方约定，以秦朝修筑的长城为界，长城以北是匈奴的地盘，长城以南是汉朝的天下。从而设定了当时西汉朝廷与匈奴政权进行交涉的基础。

公元前177年，对于匈奴的入塞抢掠行为，汉文帝就是根据与匈奴的协议，谴责单于入边抢掠是违约行为。公元前

166年，匈奴政权大规模掳掠西汉北部郡县、老上单于入居塞内并且逗留一月有余，匈奴一天比一天骄横，每年都要越过长城南下，杀掠大量的人民畜产，云中、辽东受害最为严重。西汉朝廷对此也只是采取派遣使臣与匈奴政权交涉的方法，一般到最后还是得以送人送钱的和亲了事。汉文帝则是根据双方已结成的事实契约，要求匈奴单于不要食言而已。

就连曾经辅佐高祖定天下、在刘邦死后实际掌握西汉朝廷统治大权的吕太后，接到冒顿单于的婚书时，在认为自己受到了侮辱，异常愤怒之后，也只能遣使致书匈奴说自己年老色衰、发齿坠落、行步失度，实在是配不上单于，并且送给冒顿单于御车二辆、马二匹以奉常驾。

此外，还可以看到，西汉方面把宗室公主嫁给匈奴单于为妻的活动，绝大部分也都是在马邑之谋以前进行的。例如，平城之役结束后不久，当时有很多汉朝将领投降了匈奴，因此匈奴常常到中原来掠夺，这给汉朝造成了很大的祸患。汉高祖刘邦于是命刘敬为特使，把宗室女封为公主，嫁给单于为妻。吕太后当政的时候也奉行与匈奴和亲的政策，孝文帝刚刚即位的时候也是如此。即使到了汉武帝刘彻即位之初，仍然实行和亲政策，给予匈奴丰厚的赏赐，通关市。但是，自马邑之围后，就很少有汉匈和亲的记载了。

3.新时期的政策。汉武帝刘彻即位后，汉朝经过七十多年的休养生息，国家无事，如果不遇到水旱之灾，人民已经能够自给自足了，仓库已经装满，政府也有了余财。此时的西汉国富民强，攻打匈奴所必需的军资国力已经十分雄厚。

于是，刘彻在这样的经济基础之上，

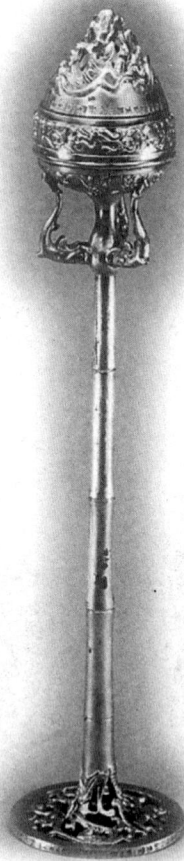

改变了自汉高祖刘邦以来的对匈奴政策。刘彻执行的新的对匈奴政策是：把匈奴赶出漠南、赶出河西，甚至赶出漠北、赶出西域，彻底消灭匈奴。

马邑之谋是西汉朝廷对匈奴政策的重要转折点。公元前133年以前，西汉朝廷放下身段向匈奴政权请求和亲。汉武帝刘彻即位之后，组织并且发动了大规模的对匈战争，汉廷开始不理睬匈奴单于反复多次提出的和亲要求，决心将匈奴政权彻底消灭。

西汉朝廷的对匈奴政策，无论是纳贡和亲，还是武力反击，都是由当时西汉的经济状况，匈奴的经济状况，以及汉匈双方综合力量的对比决定的。经济条件是政策实施

的基础，如果没有当时盈实雄厚的经济基础，汉武帝刘彻决心再大，也无力去攻击匈奴。

还有一点需要特别说明的是，从平城之役到马邑之谋发生以前，西汉朝廷正是在匈奴政权的强大压力之下，才制定并且实施了注重发展经济的政策，并且出现了著名的"文景之治"。在匈奴造成的压力下，为了报仇雪耻，西汉统治集团上下团结，发展生产，注重农桑，增加人口，使仓库充实，国力随之增强。但另一方

面，却始终在执行着以物资、金钱、美女
向匈奴政权求请和亲的政策。

汉与匈奴和亲是在匈奴强而汉弱的
形势下无可奈何的选择。这对于缓和匈
奴南下骚扰，保证边境地区的安宁，具有
一定的积极作用，但它并不能从根本上消
除匈奴的威胁。双方虽有匈奴不进入长
城以南、西汉不出长城以北之约，但匈奴
却常常违反这个约定，而且每隔几年就
会违约一次，以致汉朝西北边境不得安
宁。尤其是汉文帝前元十四年(公元前166

年),匈奴14万大军进入朝

那、萧关,杀死北地都尉,掳

掠大量人口畜产,甚至直接威

胁长安。汉朝虽调集大军反击,也只是将

掠夺之后的匈奴逐出关外而已。面对西

汉的息事宁人,匈奴却是肆无忌惮,入关

次数更加的频繁。

文帝后元六年(公元前158年),匈奴

拒绝和亲，进入上郡、云中，兵锋直逼长安。为此，贾谊上书汉文帝，反对与匈奴和亲。他认为和亲就是向匈奴进贡，是以皇帝之尊而向匈奴称臣。以汉朝这样广大的疆域反而被匈奴欺负是一件丢人的事。不过，在与匈奴和亲的同时，汉朝也在积极采取措施，加强边防，抓紧练兵，以加强边塞防御力量。

但是，匈奴骑兵南下行动迅速，汉朝如果发兵太少，起不了什么作用，想多发兵，就得调集其他镇守地方的军队，没等

军队调到，匈奴已经抢完跑了。如果在边境长期驻扎大量军队，又花费太大；不设兵力，匈奴又会再来，进退两难。汉文帝于是听从贾谊、晁错等人的建议，招募军民实边，如果有人迁到边境去，或是把粮食运往边境地区就可以得到一定的官职，如果是有罪的人就可以免除一定的刑罚。同时鼓励养马，在西北边郡设立了30个牧马所，以繁殖战马。

这些措施的实行，大大增强了汉朝边塞的防御能力，因而终景帝之世，匈奴都只是小规模的入侵，没有发生过大规模的战争。汉武帝即位后，继续推行汉初以来的和亲政策，匈奴自单于以下都亲近汉朝，在边境地区往来不断。但是，在这种表面的和平背后，正孕育着更大规模的武力冲突。

二、誓讨匈奴

（一）武帝时对匈奴政策的变化

1.由恐惧到反抗。汉武帝即位时，西汉对匈奴实行"和亲"政策已有六十年了。但实践证明"和亲"政策不仅没有制止匈奴的骚扰，反而刺激了他们继续南下杀掠的野心。到武帝即位时，形势已有了根本性的变化。政治上，"七国之乱"平定后，中央集权得到了很大的加强。经济上，经过长期的休养生息，已经具备了相当的经济实力，可以支持战争。特别是政府官马已有45万匹，这就为组建大批骑兵部队提供了物质保证。军事上，汉军在长期的对匈奴防御作战中，已锻炼出一批有实战经验的优秀将领如李广、程不识等，以及精于骑射的骑兵部队。因此，摒弃屈辱的"和亲"政策，对匈奴实行军事讨伐的条件已基本具备。但是要正式下定讨伐的决心，还得先克服西汉朝廷内部存在的对匈奴的恐惧心理。

这种恐惧心理的形成是有历史原因的。匈奴对黄河流域的骚扰，由来已久，战国时的燕、赵、秦都被迫修筑长城以抵御匈奴的侵扰。秦统一中原后，秦始皇命蒙恬率军三十万北伐匈奴、收复河南地后，大修长城。西汉初年，匈奴冒顿单于东灭东胡、西逐月氏，横行大漠南北，公元前200年围汉高祖于平城白登。事后，西汉君臣谈匈奴色变。冒顿来信侮辱吕后时，大臣们也只能骂匈奴两句禽兽不如，提倡以精神胜利法待之。直到汉武帝即位之初，这种恐惧心理在朝廷内部还很普遍。公元前135年就"和亲"问题发生的辩论中，除王恢主战外，韩安国等人仍主"和亲"，武帝只得勉强同意继续"和亲"。但武帝本意是主战的，早在建元三年（公元前138年），他就派张骞出使西域，意图联络大月氏合攻匈奴。

2.马邑之谋。公元前133年马邑(今山西

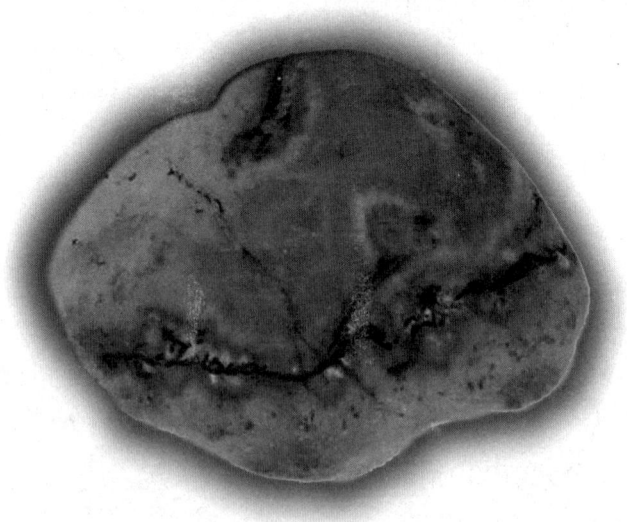

朔县)人聂壹通过王恢提出诱匈奴入马邑,伏兵歼之的建议,武帝深表赞同。西汉朝廷终于统一了思想,确定了对匈奴进行军事讨伐的决心。武帝采纳王恢的建议,在马邑设伏,准备以逸待劳,诱歼匈奴主力。为了达到消灭匈奴的目的,汉朝调集三十余万军队,从各地向战区集中并隐蔽进入伏击位置。如果不是被匈奴偶然俘获的雁门尉史怕死泄密的话,匈奴单于还会向设伏地区接近。汉军的伏击即使不能全歼匈奴主力，至少也会给予匈奴重大杀伤。可惜，功败垂成。匈奴单于得知有伏兵后，立即后退。马邑设伏是西汉对匈奴进行讨伐战争的开始。

（二）战争之初

马邑伏击未成，但武帝的讨伐决心并未动摇。面对匈奴的骚扰，汉军在长城沿线分兵把守，并且分道出击。公元前129年卫青从上谷(今河北怀来县东南)出兵，公孙敖从代郡出兵，李广从雁门(今山西右玉县南)出兵，公孙贺从云中(今内蒙托克托东北)出兵，各率一万骑兵。卫青军未遇匈奴主力，只有小规模接触，顺利到达龙城，歼敌七百多人，胜利归来。公孙贺的军队扑了空，一无所获而还。李广所部在一场恶战后，全军覆没，李广负伤被俘，后来夺马逃回。公孙敖军也损失七千人而败回。这次四道出击，兵力分散，敌

情不明，各军之间既无联系，更无协同。因此匈奴能集中兵力歼灭李广军，重创公孙敖军，从而挫败了汉军的进攻。

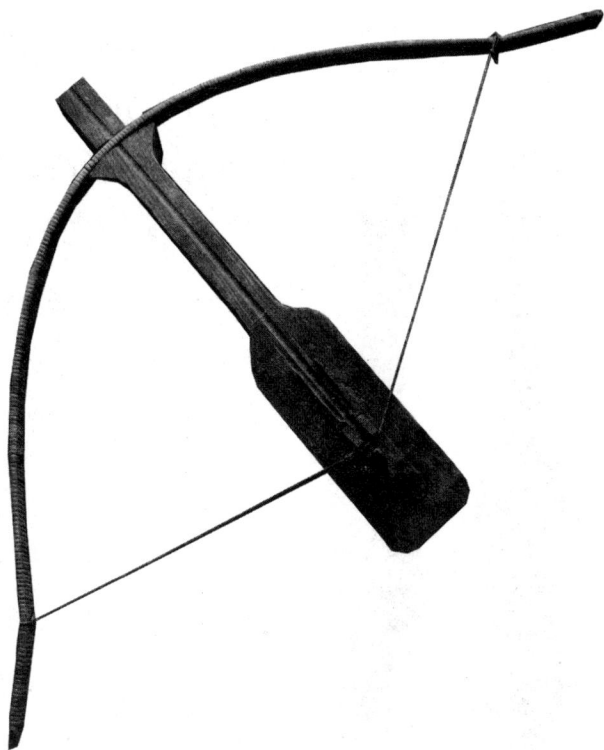

公元前128年匈奴攻掠辽西(今辽宁义县西)、雁门一线。韩安国戍屯渔阳(今北京密云县西南)，仓促迎战，负伤败回。匈奴掳掠千余人畜而去，并再入雁门杀掠。当卫青、李息分别率军出雁门、代郡

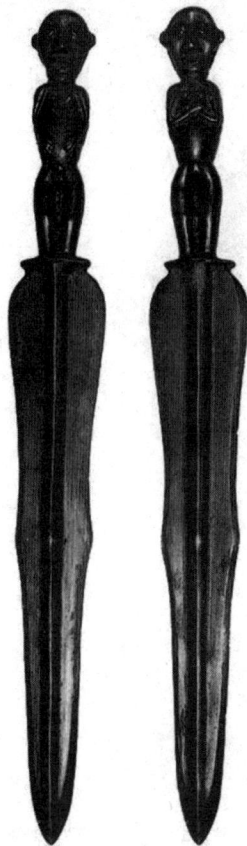

迎击时, 匈奴主力已退走。汉军只消灭了匈奴的小股力量。

讨伐战争初期的被动局面, 已显示出战争的长期性。武帝为此在政治、经济等方面采取了很多措施, 如颁布 "推恩令", 进一步加强中央集权, 开凿漕渠, 兴修水利, 发展农业生产, 向商人的车船征税, 增加财政收入, 整修雁门道路, 加强沿边烽隧设施等, 为长期战争作好了准备。

公元前127年, 汉军发起了收复河南地的战役, 开始了战略上的主动出击。

(三) 河南之战

河南地泛指河套地区和阴山一带, 战略位置十分重要。汉军如果能收复这里, 就能解除匈奴对关中的威胁, 并且可以把这里当做以后直捣漠北匈奴巢穴的基地。

　　一直缴纳贡物，开放关市，用金钱、物资、美女取悦于匈奴，以避免更大规模战争、更加激烈抢掠的西汉朝廷，居然敢于设下重围伏击自己，还想擒拿单于。这对于一直骄横的匈奴来说是不可忍受的，这之后，匈奴方面发动了一系列的报复行动，拒绝和亲，封闭出塞的道路，不断入关侵扰。汉军则一方面在缘边各地

积极进行抵抗，另一方面也已经开始主动出塞攻打匈奴。

公元前127年，车骑将军卫青指挥汉军骑兵部队向河南地发起突然攻击。汉军攻占阴山山口高阙(今内蒙临河县狼山山口)，切断了楼烦王、白羊王与阴山以北右贤王的联系。在汉军骑兵的猛烈攻击下，白羊王和楼烦王狼狈而逃。汉军乘胜追击，扩大战果。当时河西走廊为匈奴所占据，威胁着河南地汉军的侧后方。卫青率军在黄河转折处南下，沿黄河而上，直抵陇西（今甘肃临洮南），沿途横扫匈奴残余势力，巩固了河南地的侧后安全。汉军共歼敌六千多，夺得马牛羊百余万，可谓大胜而回。

（四）河西漠南战役

河南战役以西汉夺取河南地、河套、阴山地区宣告结束。但对于匈奴来说，

公元前127年是一个噩运不断的年份。随
着军事上的惨重失败，大片水草丰美的
经济基地的丢失以及人员畜产的巨大损
失，使匈奴的经济大幅度衰退、政治威望
也随之降低，之前来自东、南、西、北各
地各族的贡纳税赋，或减少或被断绝。
在这样的军事、政治、经济环境交相困
迫之下，这年冬季，冒顿单于的孙子——
军臣单于去世，于是，匈奴政权的处境更
是雪上加霜。军臣单于之死标志着冒顿
时代的结束，匈奴政权从此由强盛时期
进入了衰败时期。

1.匈奴内部的政权更替。军臣单于死后，匈奴单于家族内部爆发了前所未有的激烈内争：军臣单于的太子于单被军臣单于的弟弟、左谷蠡王伊稚斜打败。被叔父打败的侄儿——太子于单带领手下人马投降汉朝，被汉廷封为涉安侯，但于单太子几个月之后也死去了。

伊稚斜在打败太子后自立为单于，虽然具体情况现在已经无法知道，但当时匈奴社会一定曾经因此发生过混乱，权力在不正常更替的时候混乱是不可避免的。张骞第一次出使西域，没有得到月氏的支持，于是想穿过羌族居住地区回到汉朝，但途中又被匈奴所劫获，一年多以后，单于死去，趁着匈奴内乱的时机才与在匈奴时娶的妻子及家人回到汉朝。

伊稚斜是自冒顿以来

的四位单于中在位年限最短的一位，在位仅12年，冒顿及军臣在位时间都是35年，他却连他们的一半都不到；在他当政期间的公元前119年，他在漠北战败遁逃之后，还发生过当时的右谷蠡王也自立为单于之事，这也是匈奴历史上前所未有的事件。事实证明，在这样生死存亡之际用武力夺得单于权位而组建起来的匈奴伊稚斜政权，不但没能收回失地，也没能抵御住汉军，反而把河西地区丢掉了。

2.漠南之战。伊稚斜单于即位之初，匈奴方面南下入塞的次数明显增多，作战的目的也不仅限于掳掠报复，似乎还有以大规模的入塞骚扰抢掠，迫使西汉南迁的打算。

但是，明显占据着人力以及物资优势的西汉朝廷不仅抵挡住了匈奴的反攻，保住了已经取得的战果，而且又组织发动了更大规模的对匈战役。公元前124年春，汉廷以卫青为车骑将军，下置六位将军，发兵十余万人，出塞攻略匈奴。令车骑将军卫青率领三万人马，从高阙出

兵；卫尉苏建为游击将军，左内史李沮为强弩将军，公孙贺为骑将军，代相李蔡为轻车将军，皆归车骑将军卫青领属，从朔方出兵。李息、岸头侯张次公为将军，出右北平，多路同时向匈奴发动进攻，正式发起了第二阶段更大规模的攻略匈奴战役。

这次战役的前期，汉军以匈奴右贤王为主要攻略目标。但匈奴方面，不仅伊稚斜单于不能组织有效的抵抗，右贤王更是麻痹大意，以为汉兵不能这么快就到，在战前竟然喝得大醉。卫青利用右贤王以为汉军不可能到达的错误估计与麻痹轻敌思想，亲率汉军骑兵集团长途奔袭。他充分发挥骑兵的机动性与冲击力，出塞六七百里，趁夜围困右贤王，一举击垮了右贤王王庭。汉兵至时，右贤王大惊，只带着一名爱妾和数百随从逃走了。汉轻骑校尉郭成等，追击数百里也没能把他抓到。除右贤王率数百骑逃跑外，汉军歼俘匈奴仅王爷身份的就有十余人，男女一万五千余人，牲畜近一百万头，胜利而还。

河南地的收复和

漠南之战后右贤王的远逃, 有利于汉军在漠南寻找单于带领的匈奴主力进行决战。参战的汉军可以就近得到长城沿边守备部队的支援, 后勤补给也容易解决, 并且汉军屡胜之后, 士气正盛。而且, 经此一役, 匈奴当然也不会善罢甘休, 同年秋, 匈奴以一万人马入关, 杀死代郡都尉朱英, 掳千余人而去。第二年卫青率六将军十多万骑兵, 两次出定襄(今内蒙和林格尔西北)数百里, 进击单于主力。在一些小规模的战斗中, 汉军共歼敌一万九千多人, 自己也损失赵信及苏建两员大将, 还有三千多人马。也是在这一年, 卫青的外甥剽姚校尉霍去病受封为冠军侯。

匈奴在失去河南地后,把主力撤到漠北,一边休整一边伺机而动,引诱汉军到漠北决战。但是汉军没有立即进袭漠北,而是发动了攻取河西走廊的河西之战。战争的主动权仍然牢牢地掌握在汉军手中。

匈奴伊稚斜政权当时试图用武力击退汉军,夺回河南地河西牧场,守住漠南地区,终因人员数量以及经济基础都不如中原强盛而失败。加之战线过长、互不救援、麻痹大意等,在汉军无休止的攻击下反而连遭重创,损失惨重。从战略上

看，不但丢失的牧场没能收回，漠南各地也没能保住，只能被迫退守漠北。

西汉方面虽然获得了军事上的重大胜利，却也被迫背负起更加沉重的经济负担，战争胜利之后对军士将领的赏赐及出战时的军费开支，造成了西汉府库储蓄耗尽、赋税来源枯竭、社会经济遭到严重破坏的局面。

匈奴单于伊稚斜在汉将赵信归降以后，把他封为自次王，意思是除了单于就属他最大，还把他的姐姐嫁给赵信，表现出充分的重视，希望与赵信一起谋夺汉朝江山。赵信给单于建议：将主力移往漠北，以诱疲汉兵，然后匈奴以逸待劳，伺机反攻，单于听从了他的计划。伊稚斜单于不但放弃了收复河南河西各地已失牧场的计划，甚至放弃了在漠南地区与西汉军队征战抗衡的打算，被迫退往自然条件及经济状况都十分恶劣的漠北地区，以避免再遭汉军进攻。于是随着匈奴主力聚往漠北，汉军也闭关休养，或者说在忙于镇压淮南王刘安、衡山王刘赐的

谋反事件。同时在做更大规模攻打匈奴
的各项准备。

　　虽然伊稚斜单于已经退居漠北，但
从战略上讲，当时他并没有对河西各地
的匈奴各集团做出相应的调整。由于单
于安排部署失当，遂使河西地区的匈奴
各牧猎集团，很容易受到骁勇善战、攻击
力强大的中原军队的攻击。经过两三年
休整恢复的汉朝军队，也看准并且抓住了
匈奴暴露出来的这个战略破绽，发起了

更大规模的对匈战争。

3.河西之战。公元前121年春，汉武帝命令霍去病带领万余人，从西出发。越过焉支山一千多里，去攻略匈奴。霍去病奉命率军深入匈奴五王牧地，激战六个日夜，杀死折兰王、卢胡王等，抓住浑邪王子及相国、都尉等匈奴重臣，斩杀匈奴八千余人，劫获休屠王祭天金人。

同年夏，霍去病奉命与公孙敖率领数万人马从陇西、北地出发，攻击匈奴。

汉武帝刘彻同时又派遣博望侯张骞、郎
中令李广率领另一支汉军从右北平出击，
攻打匈奴左贤王。不仅从此又发起了对
左地匈奴的攻击，而且以此牵制匈奴左
翼力量，使其不能策应援救右翼。汉军
主力霍去病所部遂得以再次长驱直入，
全力攻击匈奴右翼。但当时汉军将领合
骑侯公孙敖却以与霍去病路线不同为借
口，不敢深入，停滞不前。霍去病仅率其
所部汉军，越过居延水、过小月氏、攻打

祁连山，俘获酋涂王。收降匈奴二千五百人，斩首三万二百级，俘获五王、五王母、王子等五十九人，相国、将军、当户、都尉六十三人。霍去病部将鹰击司马赵破奴，斩杀遫濮王，抓住稽且王，并俘获王、王母各一人，王子以下四十一人，俘虏三千三百三十人，前行捕虏一千四百人。从骠骑将军捕呼于屠王王子以下十一人，俘虏一千七百六十八人。

　　汉军攻略匈奴右翼，不仅给河西地区的匈奴造成了非常严重的人口财产损失，且又夺占了焉支山、祁连山等水草条件都良好的原属匈奴人的牧猎场地。当时匈奴也曾南下攻入汉境，入代郡、雁门，杀死数百人。虽有报复汉军的无限制攻掠的意图，却收效甚微。他们的杀掠所得，仅有数百人，而损失的，则是几万人。

　　从右北平出塞攻略匈奴左贤王的

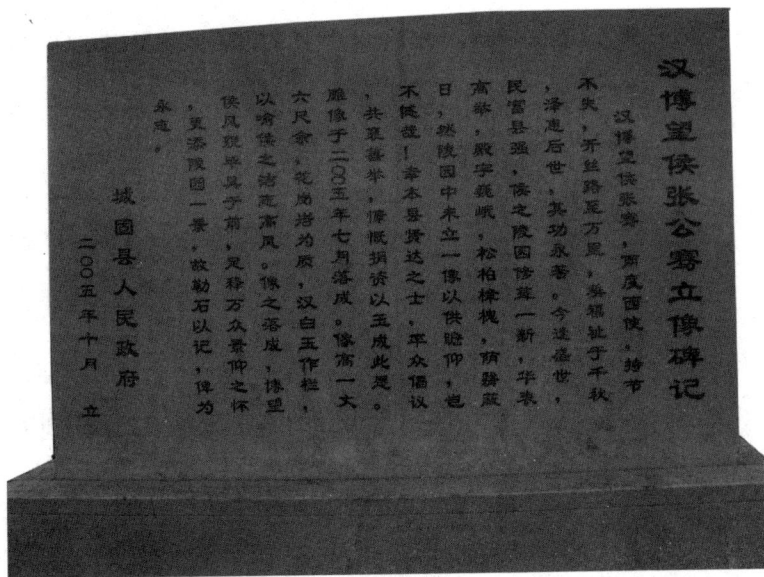

汉军将领张骞和李广，互相之间的行军路线也是不同的。郎中令李广率领四千骑兵先到达预定地点，博望侯张骞率领一万骑兵后到。匈奴左贤王率领数万骑兵，包围了郎中令李广的部队，血战两天，双方都是死伤过半。博望侯张骞到达之后，匈奴才逃走。

公元前121年自春至夏，河西匈奴各牧猎集团均遭到霍去病骑兵的攻击，各个集团(兀鲁思)所属部众，其人口、牲畜

以及各类财产损失都非常大。更严重的
是他们还丢掉了焉支山、祁连山、河西草
原等大片的优良牧场。各集团(兀鲁思)之
王,不仅没有抵御住汉军的攻略,反而大
都或战败,或遭捕捉或被斩杀,所剩无
几。

　　此时匈奴内部也是矛盾重重,伊稚
斜单于对于当时仍然健在的浑邪王、休
屠王等人非常不满,指

责他们给匈奴造成了伤亡数万人的惨重损失。公元前121年秋天，伊稚斜单于想要把浑邪王召到王庭来杀掉。浑邪王知道以后，与休屠王等共同谋划应对之策，为了不被斩杀，他们想要投降汉朝，于是先派人到汉朝边境探听虚实。汉朝将领得到这个消息以后，令手下快马加鞭地将这个消息报告给皇帝知道。汉武帝知道以后，还以为他们是诈降，就派霍去病率

领大军前往。这么大的阵仗把浑邪王给
吓倒了，又后悔不想投降了，带着自己的
部下就往回跑。霍去病带人紧追不舍，追
上浑邪王后，杀掉想逃跑的八千余匈奴
人，把浑邪王和他剩下的军队都带回了
汉朝，受降者号称十万。到达长安以后，
汉武帝给予了他们丰厚的赏赐。

　　从表面上看，这场战争似乎对中原

人民有些好处：自从浑邪王归附以后，陇西、北地、河西就很少再受到匈奴的攻击了。但实际上这些战事不仅使匈奴遭受到了巨大而惨重的损失，中原人民也因此而被迫支付数额更加巨大的战争费用。河西战役获胜，西汉朝廷不但夺占了原匈奴河南地区，包括秦代蒙恬修筑四十四县城的地区，还设置了朔方郡。

从公元前126年至公元前121年，汉匈

战争主要发生在漠南以及河西地区，故
称之为"漠南河西战役"。

　　漠南河西战役以后，西汉朝廷又在
原匈奴牧猎地区陆续设置了酒泉、武威、
张掖、敦煌四郡。此外，汉军还有一个重
大收获，即为日后与匈奴政权争夺西域打
下基础。河西走廊位于黄河以西，祁连山
北侧，是沟通关中与西域联系的交通要
道。为了确保长安西侧陇西等地的安全，

切断匈奴与羌族的联系，联络西域各国共同讨伐匈奴，发动河西之战，攻取河西走廊是必要的。河西走廊的匈奴被肃清，汉军发动河西之战的目的已经达到。

（五）漠北决战

河西之战的胜利，使西汉彻底解除了后顾之忧，得以全力与匈奴单于进行主力决战。匈奴单于伊稚斜早在河西之战前，就已经接受了汉朝降将赵信的建议，把

主力集结在大漠以北等待时机，准备迎击远道而来饥疲不堪的汉军。可是汉军并没有来漠北决战，而是在东、西两线发起了河西之战和对漠南左贤王的进攻。于是伊稚斜做出了错误判断，以为汉兵不能再到漠北来，从而放松了警惕。

公元前119年春，汉武帝决定出敌不意发起漠北之战。武帝令大将军卫青与骠骑将军霍去病各率五万骑兵，分两路向漠北出击，接连的军事胜利，使武帝的头脑开始发热，分兵两路去攻击两个方向的敌人，不符合集中优势兵力攻击主要方向的作战原则。当时匈奴还有单于和左贤王两支军队，它们都没有受到过重大打击，具有较强的战斗力。更重要的是敌情不明，连单于军在哪里也没有弄清楚，就贸然分兵，发起进攻。直到双方接战时，才发现担任主攻任务的由汉军精锐主力编成的霍去病军的作战对象不是单于，而是左贤王。实力较弱的卫青军，

却面对着匈奴单于的主力军。如果不是
卫青沉着勇敢、指挥得当的话，汉军完全
有可能面临灾难性的后果。

当卫青率军越过沙漠来到漠北时，
匈奴单于早已作好迎击准备了。卫青在敌
情突然变化的情况下，沉着冷静，让部队
组织好防御，站稳脚跟。然后派五千骑兵

冲击敌阵，这既是主动攻击，又是在试探对方的兵力如何。匈奴以万余骑兵迎战，双方激战一天。傍晚时起了大风，飞沙走石，两军对面不相见，虚实难料。卫青大胆果断地利用风沙的掩护，乘机发骑兵从两翼包围了匈奴军。单于见汉军兵多且勇敢善战，自料难胜，就在夜色与风沙的掩护下，率数百骑兵突围向西北而去。汉军发现后，立即派兵连夜追击，卫青率大军随后跟进。匈奴军在混战中溃散。

这次战斗汉军共歼敌一万九千人，但因是双方混战，汉军伤亡也很重。匈奴主力并未被歼灭，只是因单于逃走，失去指挥而溃散。卫青指挥的二等部队，千里趋敌，能将以逸待劳"兵阵而待"的单于主力击溃，也确实不容易。

另一路作为主要打击力量的霍去病军，没有遇到匈奴主力部队，只是碰到左贤王的军队，俘虏并斩杀敌军共七万余人，成功地歼灭了左贤王的主力。左贤王逃跑，霍去病军追至狼居胥山(即今蒙古乌兰巴托东肯特山)而还。

这次漠北决战，汉军还动员了数十万步兵保障后勤补给。汉军漠北决战的胜利，确实来之不易。这次决战杀死匈奴八九万人，汉兵也折损了数万人，且损失战马十余万匹。

三、汉武帝以后的绥抚政策

在西汉王朝的接连打击下，匈奴连遭失败，实力受到严重削弱，匈奴统治下的乌桓、丁零各族逐渐摆脱其控制，并公开与之为敌，匈奴内部的矛盾也进一步激化，分裂迹象日益明显。神爵四年(公元前58年)匈奴内讧，出现五单于争立的混乱局面。西汉王朝也因连年的征战，国力大大削弱，在这种情况下，汉昭帝、汉宣帝、汉元帝等在汉武帝以后相继即位的皇帝在对待匈奴的政策上有了明显的转变，进行了调整，在维护、巩固汉武帝取得的成果基础上，由征讨政策转为绥抚政策，表现为：继续推行和亲政策；对匈奴单于进行册封，也就是对当时的匈奴政权进行肯定。

元狩四年(公元前119年)匈奴失败后，多次派遣使臣要求恢复和亲，汉武帝

以积极态度回应，但由于当时的局势复杂，没能实现汉匈和亲。武帝死后，汉匈双方都想停战修和，于是，和亲政策得以继续，武帝后汉匈之间又进行了两次和亲。

公元前54年，匈奴呼韩邪单于向汉称臣，派遣他的弟弟谷蠡王进入汉朝朝见天子。公元前53年，呼韩邪单于派遣他的儿子右贤王到汉朝朝拜以表示友好。公元前51年，呼韩邪单于亲自到汉朝拜见天子于甘泉宫，汉朝以比对待诸侯更高的礼节来接见他，册封呼韩邪为匈奴

单于，承认他是匈奴最高首领，确认匈奴政权隶属汉朝，确定藩属地位。汉朝还赐予其大量的珍贵礼物，有冠带衣裳，黄金玺绶，佩刀弓矢，鞍一具，马十五匹，衣被七十七袭，锦绣绮杂帛八千匹，等等。呼韩邪离开的时候，汉朝派遣长乐卫尉高昌侯董忠、车骑都尉韩昌率领一万六千人，又发边郡士马近千人，把单于送出了朔方鸡鹿塞，又让董忠等人留下来帮助单于消灭那些反对势力。同一年，郅支单于也派遣使臣到汉朝进贡，汉朝也以隆重的礼节接待了他们。第二年，呼韩邪单于又遣使入朝，汉朝对他礼遇如初，又加衣被十袭，锦帛九千匹，絮八千匹。不仅如此，汉朝还先后调拨谷物，救济匈奴民众。

汉元帝竟宁元年(前33年)正月，呼韩邪单于在其劲敌郅支单于为西域都护甘延寿等所杀之后，又喜又忧，喜的是一个

敌人被除去了，忧的是郅支被杀了，那下一个会不会是他呢？于是他又到汉朝朝见汉元帝并请求和亲，如果成功，那么就等于得到了汉朝的支持，以前的担忧也就迎刃而解了。他到汉朝以后，受到隆重礼遇，并和亲，娶到了王昭君，欢喜之余，上书愿为汉朝保卫边境，以节省汉朝的军费开支。

元帝把呼韩邪单于的建议交给大臣

们讨论，参与的大臣都认为可接受，只有郎中侯应认为不能这么做。侯应的理由是：撤出边防军队，会给汉朝边防造成很大威胁，现在匈奴臣服于汉，可以利用他们来守边，如果他们一旦不臣，到时候再往边境派人，就根本来不及了。汉元帝接受了他的建议，从而维持、巩固了西汉王朝自建立以来所采取的一系列积极的防御措施：收边郡、移民实边、设置属国、

屯兵屯田、修缮要塞等。

汉武帝以后，西汉王朝采取绥抚政策，逐渐结束了汉匈之间的战争状态，双方进入了和睦友好、和平共处的阶段，西汉北方边境保持了百年的宁静。

西汉王朝是中国历史发展的重要阶段，这一时期提出的对匈奴的民族政策具有开创性的意义。西汉初期，国力衰弱、民生凋敝，要稳定社会、巩固边疆，如何处理好与匈奴的关系是一个必须要解决的问题。汉王朝一系列对匈奴的民族政策总体上是正确的、行

之有效的，它不仅较好地处理了当时的民族关系，保持了边疆的稳定，还给后世民族政策的制定提供了借鉴。历经两千多年，沧海桑田，世事多变，然而居住在中国土地上的众多民族一直自发、自觉地维护着国家领土完整和主权的统一，这种强大的民族凝聚力不能不溯源于西汉王朝的民族思想和政策。

四、汉文化对匈奴的影响

汉武帝北伐匈奴之后至东汉建武二十四年(48年)，内外交困的匈奴分裂为南北两部，北匈奴于公元89年败于东汉和南匈奴联军，公元91年西逃。南匈奴归附汉朝后内迁，逐渐走向了一条与汉族相融合的道路。

(一) 汉文化对匈奴社会的影响

汉文化，是在黄河流域形成的以汉

族为代表的一种古老而又有着强大生命力的文化，它不仅包括语言文字、儒家思想、典章制度，而且包括生产技术、社会风尚，即广义上的文化这一范畴。在历史上，汉文化对周邻民族产生过强大的影响，不断地扩大着文化圈。匈奴在与中原地区频繁的接触中，汉文化对其也产生了较大的影响。

1.汉农耕文化对匈奴经济生活的影响。

匈奴原本过着典型的游牧经济生活，匈奴的生产方式与中原地区汉族农耕生产有着很大的差异。匈奴民族从事的原始、粗放的游牧经济，基本上是靠天吃饭，稳定性很差。而塞内农业经济在一般情况下是以投入(深耕、选种、施肥、兴修水利等)决定回报，其收成的稳定性要比单纯依

靠大自然恩赐的原始游牧经济强得多。
随着汉匈交流的加强，汉族农耕经济的
优越性使匈奴人印象深刻，匈奴地区也
逐渐出现了农业生产。

《史记·卫将军骠骑列传》记载，武
帝元狩四年(公元前119年)，卫青至寘颜
山(约在蒙古国杭爱山西南)赵信城，获得
匈奴囤积的粮食作为军饷，走的时候还
把剩余的粮食放火烧光。那么大一支军

队是需要很多粮食来充做军粮的，在汉军取走够自己食用的粮食后竟然还有剩余，可以看出，城里所存的粮食数量极多。而这些粮食也不是匈奴从汉朝劫掠来的，而是自己生产的。《史记·匈奴列传》载，公元前1世纪汉降将贰师将军李广利被杀时，漠北一连下了好几个月的雨雪，粮食因此而不能成熟，这使得匈奴上下都惊恐不安。粮食出现在匈奴地区，表明当时匈奴已经有了一定规模的农业生产。更进一步说明,受到中原地区农耕文化的影响,匈奴人已经学会从事农业生产并高度重视农业经济的发展。

与农耕生产紧密联系的是定居生活,定居生活自然需要城邑。中原地区的"穿井""筑城""治楼""冶铁"等手工业生产技术,也随着这种交流,出现在了匈奴的经济生活当中。早在汉代,漠北地区就建有范夫人城和赵信城。南匈奴附汉后先是在五原(内蒙古包头市西南),后

是在西河(内蒙古鄂尔多斯准格尔旗)建城。十六国时期,匈奴或匈奴别部所筑的城更多,见于史书的,就有西河县刘渊所建的八门城,西平以西刘聪所建的西平城,赫连勃勃在那县所筑甘泉城,沮渠蒙逊在凉州所筑七级城等等。

这显然与匈奴原来逐水草而居的生活方式有着明显的区别,是匈奴地区农耕经济发展的产物。近些年来,在匈奴活动地区考古发现的带有浓厚汉文化色彩的青铜器、铁器、陶器、木器、玉器以及纺织品也反映了匈奴经济生活受到汉文化的深刻影响。

2.汉文化对匈奴政治制度的影响。

南匈奴入居塞内后，在政治制度上受到汉朝制度文化的强烈影响，这种影响突出地表现在职官制度和兵制的变化上。据《汉书·匈奴传》记载，匈奴原来的

职官制度是:设置左右贤王、左右谷蠡、左右大将、左右大都尉、左右大当户、左右骨都侯。在他们之下各自置千长、百长、什长、裨小王、相、都尉、当户、且渠等官。诸大臣皆世袭封爵,小官不世袭。这种官制完全不同于汉制。

匈奴内迁后,受汉文化的影响,官制开始汉化。到了十六国时期,刘渊称帝建国时,抛弃了从匈奴五部沿袭下来的匈奴旧制，而改用汉官制，采用汉官号。据《晋书》记载，西晋永兴元年(304年)刘渊自称汉王，改年号为元熙，立其妻呼延氏为王后。置百官，以刘宣为丞相，崔游为御史大夫，刘宏为太尉，以刘欢乐为太傅，刘聪为大司徒，刘延年为大司空，刘洋为大司马。晋永嘉二年，刘渊自立为帝时又立其妻单氏为皇后，子和为太子，封子乂为北海王。从"单于"到"皇帝"，从"阏氏"

到"皇后"称谓的变化以及丞相、大夫、太尉、太傅、大司徒、大司空、大司马、北海王等汉官职的设置，完全是一个按汉族传统制度为模本的匈奴政权。

匈奴社会长期以来的一大特点是生产组织和军事组织为一体。匈奴人平时为民，战时为兵，但到了匈奴后期，实行了"胜兵"制度。有学者认为胜兵就是脱离生产，只执行作战任务的常备兵。常备兵制是春秋时期汉族社会的产物。齐桓公时，任命管仲为相，管理国家大事，在他的治理下，士、农、工、商各从其业。齐桓公组建起"教士"，即常备兵三万，横行天下，成就了桓公春秋五霸之首的地位。

汉朝建立的时候，

实行兵农合一的更戍制度，青年男子，年龄在23岁至56岁之间，要为国家服两年兵役。一年到京师充任"卫士"，一年在本地充任"材官""楼船"一类地方兵。汉武帝改革兵制，从建元三年(前138年)设置"期门"开始，在继续保持"更戍制"的同时，又采用"募兵"的方式，建立起一支常备军，此后陆续建立的"羽

林""羽林孤儿"等均属常备兵性质。汉代的常备兵待遇优厚、训练精良,战斗力远比"更戍"轮替之兵强得多。匈奴在与汉王朝的长期抗衡中,显然领教过汉王朝常备兵战斗力的与众不同,因而仿汉制建立起名为"胜兵"制的常备兵制度,这是顺理成章的事情。

3.汉匈文化的相互影响。

早期的匈奴曾经依靠强大的军事力量，统一了大漠南北，东并东胡，西服西域，形成了统领其他少数民族共同抗衡大汉的强盛局面。所谓"南有大汉，北有强胡。胡者，天之骄子也"，充分表达了在强盛时期匈奴民族的自豪感和强烈的民族意识。后来，随着匈奴社会的不断发展以及与内地的频繁接触，汉王朝逐步摸索出扬长避短、克制匈奴的有效途径。

外部压力的加大促使匈奴内部矛盾不断激化，双方战略态势逐步发生了不利于匈奴的转变。匈奴方面已经出现了归降汉朝就可以生存下去，否则就会危亡这样底气不足的议论。在南匈奴内附、迁入塞内与汉人杂居后，入塞匈奴在汉文化的熏陶下，汉化程度日益提高，逐渐形成了一种以子民身份认同中原王朝，自认是炎黄子孙的心理。

（1）孝道方面。对原有习俗的扬弃强烈地表现出匈奴受汉文化影响的程度。《史记·匈奴列传》记述匈奴之俗为贵壮健，贱老弱。此种俗尚的形成与匈奴的生存环境和生产方式有密切的关联，但在独尊儒术、标榜"以孝治天下"的汉王朝士大夫和民众眼中，这是"不孝"。冒顿单于弑父自立，一直是汉使攻击匈奴的重磅炮弹。在长期交流的耳濡目染中，随着匈奴社会农耕经济成分的增长，匈

奴社会的俗尚中逐步为孝道文化腾出了位置。

据《汉书·匈奴传下》载匈奴称孝为"若鞮"。自呼韩邪后,与汉朝的联系更加紧密,见到汉朝给呼韩邪的谥号为"孝"时,大家都很羡慕,这是匈奴社会俗尚受汉文化影响的明显例证。

(2)婚姻制度方面。匈奴原来实行收继婚,根据《汉书·匈奴传》记载:父亲死了之后,儿子可以娶自己的后母为妻,哥哥死后, 弟弟可以娶嫂子为妻, 弟弟死了哥哥当然也可以娶弟弟的妻子。这种风俗的形成也是与匈奴的生产和生活方式密切相关的, 但在以"礼"为天经地义的汉族士民眼中, 这是"乱伦"。对于这种收继婚婚俗, 投靠匈奴的汉朝宦官中行说曾振振有词地为其辩解, 但自南匈奴入居塞内后, 在汉人儒家伦理观念的强大压力下, 在这个问题上匈奴社会意识也在逐步改变。刘渊死后, 他的儿子刘聪想

娶他的后母单氏为妻，却受到单氏亲生儿子义的反对，单氏也惭恚而死。单氏及其子刘义，已经在按照汉族的伦理道德观念来否定自己的习俗，这不能不说是汉文化影响的结果。

（3）丧葬习俗方面。丧礼是儒家仪礼的重要组成部分，有严格规定的内容。汉匈长期交流中，由于受儒家文化和汉族社会习俗的影响,匈奴人在丧葬习俗方面也发生了变化。

早期的匈奴墓可以没有"封树",后期则不然。随着社会的发展、经济实力的增强,以及受到汉文化封树、厚葬之风的浸染,五胡十六国时期匈奴贵族不但有封树,而且有高大的陵园,对葬礼、陵园的规模也逐渐重视和讲究,到后来几乎和汉朝无异。

(4)匈奴文化对汉朝的影响。文化的影响是双向的,汉文化在对匈奴的经

济、社会生活产生影响的同时，也不断吸收利用着匈奴文化。尤其是西汉时期的骑兵建设和养马业，深受匈奴文化的影响。为了国防的需要，从西汉初年起，就有不少有识之士开始研究匈奴，发展骑兵。

汉代骑兵的兵源大体上可分为两个部分：一部分为归降的匈奴人和其他骑马民族；另一部分主要来源于西北各边郡能骑善射的"良家子"，这些地区接近匈奴, 颇受其影响。

从西汉中山王刘胜墓出土的跪擎铜灯的铜俑, 以及山东地区出土的以胡汉交战为题材的画像里的人物服饰来看, 西汉时期内地的人们也对匈奴服装有较深入的了解。匈奴语言中的个别词, 也被汉族借用, 成为汉语最早的"外来语", 如"控弦"一词。

匈奴有一种被称为"胡笳"的吹奏乐器，东汉末到魏晋时也逐渐传入中原地区，有不少汉人喜欢它。匈奴还有一种娱乐形式"胡戏"，也跟随降汉的匈奴人传入中原。另据《后汉书·五行志》记载，汉灵帝好胡服、胡帐、胡床、胡坐、胡板、胡箜篌、胡笛、胡舞，京都贵戚也都竞相效仿，可见匈奴文化对当时东汉社会生活影响之一斑。

（二）汉王朝对文化优势的利用及其实效

匈奴社会受到汉文化的影响并不是一件孤立的偶然事件，而是有其深刻的历史背景和社会原因。从汉匈对峙总的态势而论，西汉前期匈奴的优势主要在于骑兵的机动性，这是一种硬实力，即军事实力上的优势。而汉王朝在物资及生产技术等硬实力和精神文化的软实力方面

具有明显的优势。

由于汉王朝初建，大乱后民间还需要休养生息，统治集团内部矛盾重重，尚未解决，汉王朝与夷、越的关系也未能理顺，汉王朝的综合国力未能有效整合和体现出来。加之此时汉朝未能找到克制匈奴的有效办法，故长期使用了羁縻之策，"约为兄弟"、和亲，以及每年的大量馈赠，以减少匈奴对边塞的压力。但是，汉王朝并未完全消极应对匈奴的压力，一方面积极寻找克制匈奴的有效办法，

另一方面利用与匈奴的频繁接触，充分发挥自身"软实力"的优势、对匈奴实施文化渗透。

早在西汉初期，刘敬就提出了以汉地的伦理道德改变匈奴旧有的礼俗，以期匈奴在生活上、伦理上均依从汉朝的习惯。汉使与中行说之间的争辩也从另一个方面证明了这一点，汉王朝试图通过文化上的优势来影响和分化匈奴的意图是明显的。

西汉文帝在位时，贾谊提出用"三表""五饵"来分化、汉化匈奴。所谓"三表"是向匈奴臣民宣传汉王朝的立信义、爱人之状、好人之技等伦理道德观念，在匈奴民众中树立汉天子的仁德之君的形象，通过儒家的伦理教化，使匈奴人民向心来归；"五饵"运用盛服、丰食、声色、高堂府库和礼遇等五种匈奴社会难以企及的高水平物质与精神生活条件引

诱匈奴部众离心离德，瓦解匈奴单于的统治，通过"牵其耳，牵其目，牵其口，牵其腹"，最终实现"引其心"，最终达到分化、汉化匈奴的目的。这实质上是利用文化优势对匈奴实施的文化渗透，这就是孟子所说的"用夏变夷"。

"用夏变夷"思想最初是在春秋时期由孔子、孟子提出来的。

孔孟的这种思想就是对夷狄兼容并包，要用华夏文化去治理国家，去影响少数民族，最终实现"大一统"的政治目标。

汉政权凭借当时较为先进的封建礼义制度，通过盟誓和亲、朝贡册封、互市贸易、军事征讨等手段，恩威兼施，安抚与征讨交替使用，力争使匈奴族纳入自己政权的控制范围，使他们逐步接受汉文化，与汉族融为一体。事实上，汉政权对匈奴首领们封爵、赐官、赏物、联姻等一系列"用夏变夷"的政策和措施，对匈

奴族产生了强大的震慑力和吸引力，以至出现匈奴族不断"归化""降附""朝贡和献方物"的局面。

汉武帝即位以后，中原王朝内部整合已经完成，几十年的休养生息为国家积累了巨额物质财富，王朝的综合国力达到前所未有的巅峰状态。于是，汉武帝发动了对匈奴的战争。

值得指出的是，汉王朝对匈奴在使用"硬实力"进行打击时，从未放弃过

"软实力"的使用。在实践中，中原统治者不遗余力地推行着民族政策。对归服的匈奴贵族和民众实行优待政策，增强汉文化的吸引力。汉武帝针对匈奴的民族特点，设置属国以安置归附的匈奴人。元狩二年(公元前121年)，汉朝将归附的浑邪王部众安置于陇西、北地、上郡、朔方、云中五属国。汉宣帝五凤二年(公元前56年)冬，将呼速累及左伊秩訾部众安置于西河、北地二属国。汉政府为了安置不断来附的匈奴民众，后又增设了张掖属国、金城属国等。这些属国保持原有的生

活方式、部族组织，不交纳赋税，平时驻
牧，战时打仗。遇有灾荒，汉朝廷赡其衣
食，供给牛羊，给予物资接济。这促进了
边地附汉匈奴族社会组织的发展和民族
的融合，增加了匈奴人与汉人的接触和交
流，使他们逐渐接受了先进的汉文化。甘
露三年(公元前51年)，南匈奴呼韩邪单于
来归，与汉王朝保持了长期的良好关系，
南匈奴民众也逐渐走上了与汉族融合的
道路。

匈奴在漫长的历史发展进程中不可
避免地要接受儒家思想文化的影响，匈

奴贵族刘渊就是典型的例证。刘渊"幼好学,习《毛诗》《京氏易》《马氏尚书》,尤好《春秋左氏传》《孙吴兵法》,略皆诵之。《史》《汉》、诸子,无不综览"。后来,刘渊"为任子在洛阳,文帝深待之"。这种长期居于中原政治经济文化中心的生活经历,使刘渊受到汉文化的深刻影响,刘渊任北部都尉期间,"明刑法,禁奸邪,轻财好施,推诚接物,五部俊杰无

有不至者。幽冀名儒，文人秀士，不远千里，亦皆游焉"。完全一副深谙治道的汉族官僚士大夫的做派，就连晋朝反对重用刘渊的大臣也肯定元海（刘渊的字）之才，认为恐怕没有能比得上他的人。

刘渊在建国思想上就带有明显的承继汉王朝的想法。他起事时对内称"兴邦复业"，对外则以汉室继承人自居，宣称我是汉朝王室的外甥，而且我们之间还有兄弟之约，兄亡弟继，难道不可以吗？在他称帝前这样宣言：帝王都是天生的吗，

大禹出于西戎，文王生于东夷，只要有才德就行。并以刘备蜀中割据称帝的史实来为自己辩护。实际上，刘渊是信奉华夏正统观的，也是站在继承中原统治的立场上讲的。

称帝后刘渊更是高举德统大旗，继承周秦以来的祭天传统，建太庙立神主，以汉族礼仪祭祖，全面复兴礼仪。永兴元年(304年)即汉王位时，追尊刘备之子刘禅为孝怀皇帝，立汉高祖以下三祖五宗神主而祭之，他无论是即王位还是皇位时都没有追尊自己的父祖，也没有祭祀匈奴的列祖列宗，甚至对一代雄主冒顿也没有任何尊礼，这种宁愿被骂为忘祖，也不自外于汉族皇朝的思想，是匈奴贵族长期受到汉文化熏染的结果。

刘渊的政治制度也基本上沿袭汉制。由此可见，无论刘渊的建国理念和仪文制度都深受汉文化的影响，他所继承的不是匈奴的传统，而是汉族封建制度的传统。

应当看到，刘渊个人汉化程度很深，具有认同汉文化的强烈倾向，但匈奴贵族集团中仍有许多实力派人物并不具有与刘渊相同的人生经历，未必像刘渊那

样强烈地认同汉文化。但是，从刘渊能够顺利进行宗汉立国而未见遭遇匈奴统治集团和匈奴部众强烈反对的事实来看，似乎可以证明匈奴统治集团和广大匈奴民众接受汉文化的程度已经相当深了。未经多久，在匈奴政权倾覆后，匈奴民众很快融入汉民族之中，中国历史上再未见到有关匈奴活动的记载了。